RYCO and RONEKA TAYLOR

Mi viaje como bebé prematuro

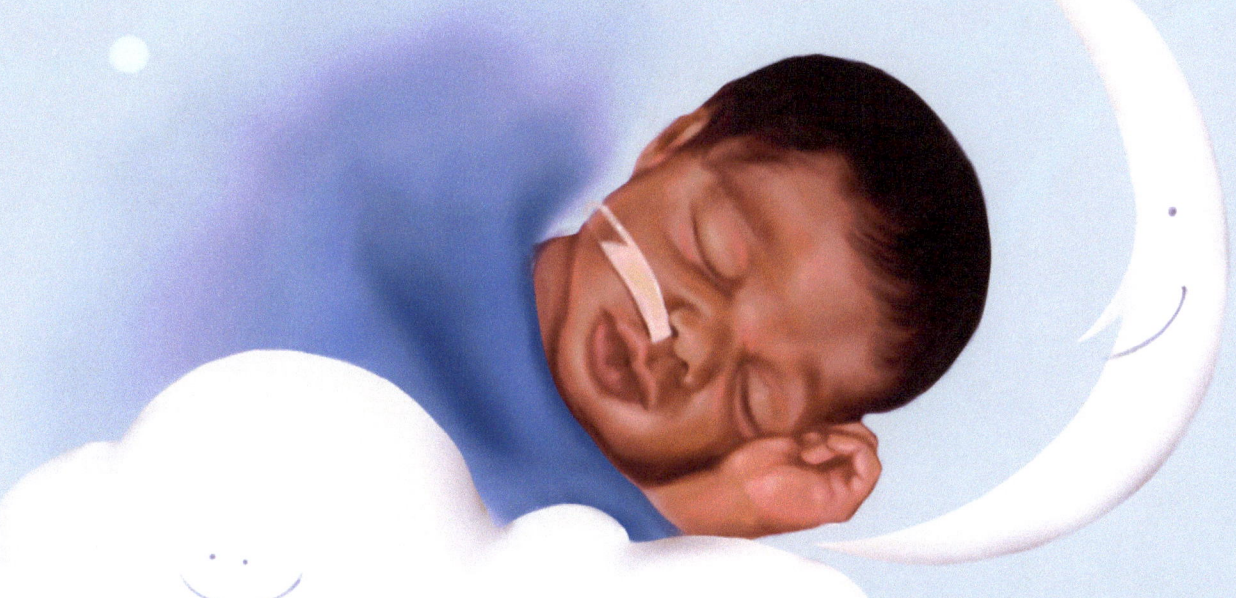

Ilustrado por Elena Lisovskaya

Mi viaje como bebé prematuro
Copyright © 2023 por Ryco y Roneka Taylor.

Ilustraciones Propiedad de derechos de autor de Ryco y Roneka Taylor.

Todos los derechos reservados. Este libro no puede reproducirse o transmitirse por ningún medio en forma alguna, sin el previo consentimiento por escrito del autor/editor.

Publicado en los Estados Unidos

ISBN 9781088173343

Escribí este libro sobre mi viaje como bebé prematuro porque estoy agradecido de seguir aquí para crecer y jugar con mis amigos. La vida es divertida. Este libro está dedicado a mi familia, amigos y primitos de todo el mundo. ¡Espero que lo disfrutes!

-Ryco L. Taylor

La doctora le dijo a Mamá que no podía tener más bebés, pero se equivocó.

Mamá se asustó cuando se enteró de que estaba embarazada porque estaba tomando medicamentos para que su cáncer no volviera.

El médico calmó a Mamá y le dijo que se hiciera una prueba para asegurarse de que su medicamento contra el cáncer no me hiciera daño.

Mamá se hizo una prueba llamada Chorionic Villus Sampling o CVS para abreviar. Tardaron una semana en darnos los resultados. La enfermera llamó a Mamá para hacerle saber que sería un BEBÉ SALUDABLE SIN enfermedades.

Mamá estaba triste y lloraba mucho cuando estaba embarazada de mí.

Una noche, Mamá fue a un concierto del Evangelio para animarse un poco.

Mientras estaba en el concierto, fue al baño y la bolsa de agua donde yo estaba se rompió un poco.

Mamá llamó al hospital y la enfermera le dijo que fuera a la sala de emergencias del hospital Long Beach Memorial lo antes posible.

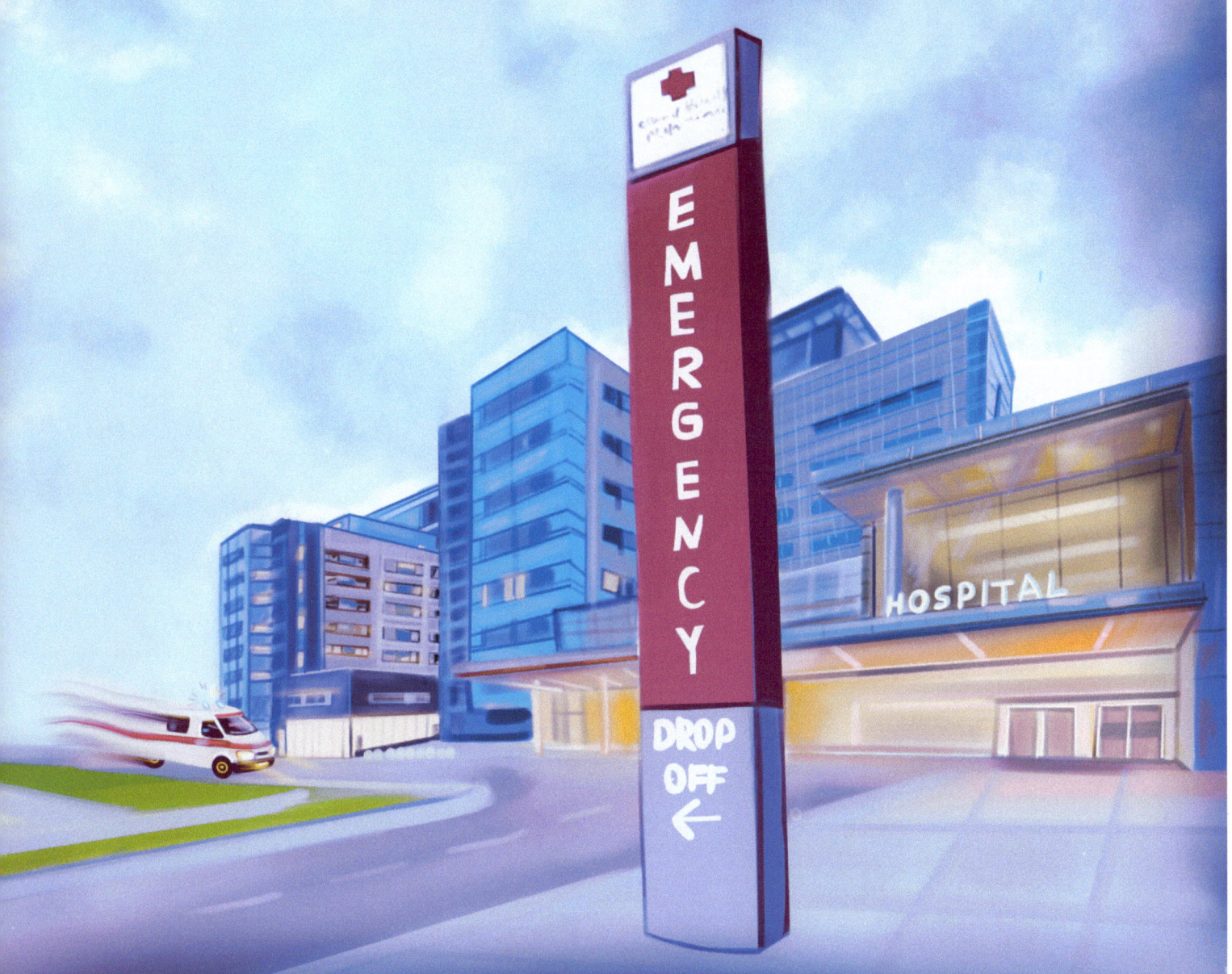

Mamá se enteró de que tenía que pasar unas noche en el hospital para que me vigilaran de cerca.

Unos días después, los médicos estaban preocupados porque no podían oír los latidos de mi corazón. Le dijeron a Mamá que tenía que tener una cesárea de emergencia para salvarme.

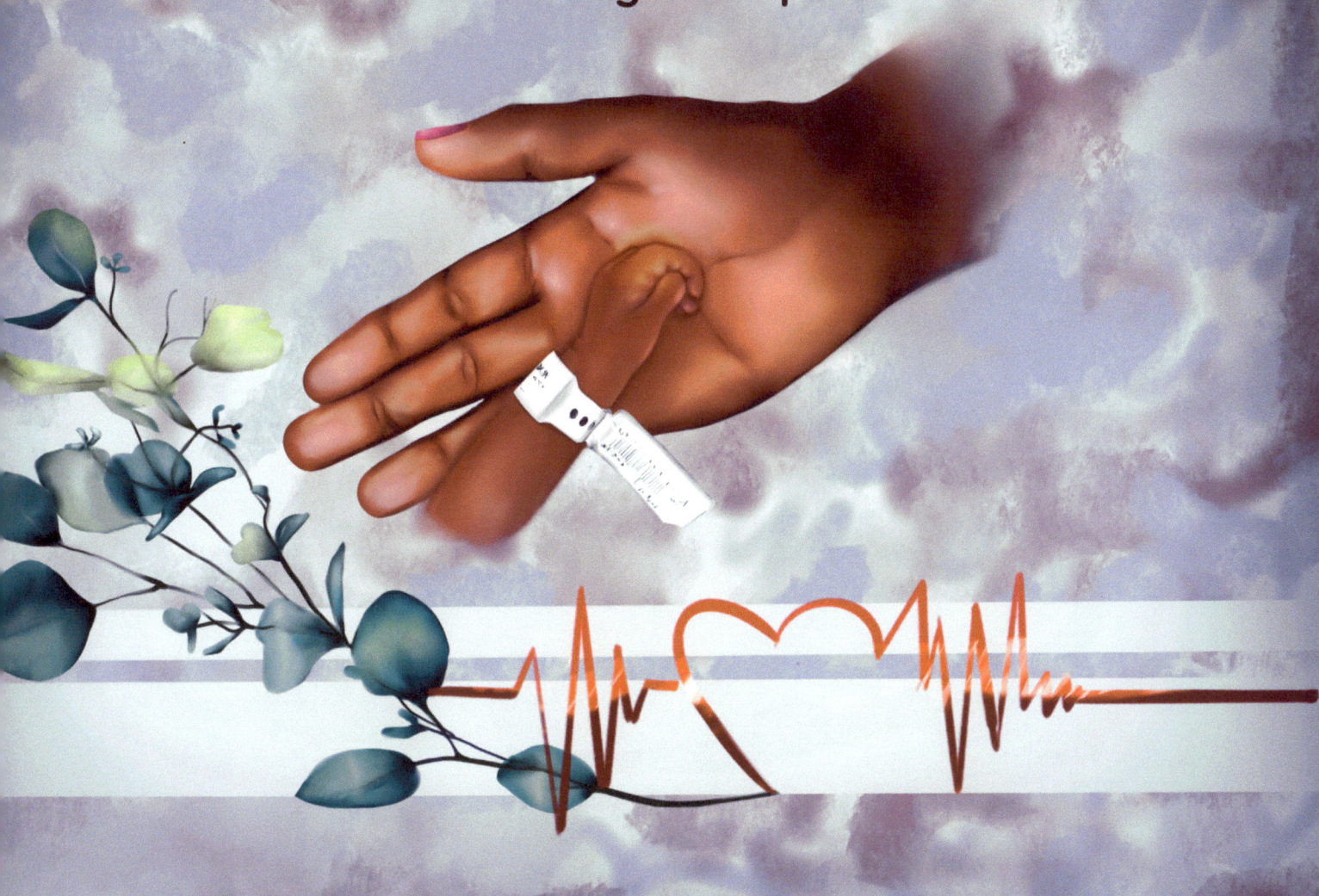

Tuve que pasar un mes en la Unidad de Cuidados Intensivos Neonatales (NICU) porque no podía comer, tenía tubos por todas partes y era muy pequeñito. Mamá rezaba todos los días que yo estuve allí. También me visitaba todo el día y todos los días para asegurarse de que yo supiera que me amaba.

Mamá no pudo darme su leche debido a sus cirugías de mama y eso la puso triste.

Ahora estoy bien, y soy grande e inteligente. Estoy aprendiendo español, a cantad y a ser un artista increíble.

Mi hermana mayor Cortney me enseñó a dibujar, me lleva al parque y siempre juega conmigo.

Un día estaba hablando con mi hermana mayor Coryn, y me dijo que ella era la favorita de mamá. Yo le conteste: "¡Pero yo soy el MILAGRO DE MAMÁ!"

Los prematuros son los milagros de Dios. No importa lo pequeño que empieces, siempre y cuando tengas un gran corazón.

www.ingramcontent.com/pod-product-compliance
Lightning Source LLC
Chambersburg PA
CBHW041411160426
42811CB00107B/1766